Klaus Adomeit
Gesellschaftsrechtliche Elemente im Arbeitsverhältnis

Schriftenreihe
der
Juristischen Gesellschaft zu Berlin

Heft 100

W
DE
G

1986

Walter de Gruyter · Berlin · New York

Gesellschaftsrechtliche Elemente im Arbeitsverhältnis

Von
Klaus Adomeit

Vortrag
gehalten vor der
Juristischen Gesellschaft zu Berlin
am 22. Januar 1986

W DE G

1986
Walter de Gruyter · Berlin · New York

Dr. iur. Klaus Adomeit
Professor für Arbeitsrecht und Rechtstheorie
an der Freien Universität Berlin

. *CIP-Kurztitelaufnahme der Deutschen Bibliothek*

Adomeit, Klaus:
Gesellschaftsrechtliche Elemente im Arbeitsverhältnis :
Vortrag, gehalten vor d. Jur. Ges. zu Berlin
am 22. Januar 1986 / von Klaus Adomeit. –
Berlin; New York : de Gruyter, 1986.
(Schriftenreihe der Juristischen Gesellschaft zu
Berlin ; H. 100)
ISBN 3 11 011072 5

NE: Juristische Gesellschaft 〈Berlin, West〉: Schriftenreihe der Juristischen Gesellschaft e. V. Berlin

I. Der „Dienstvertrag" als Problem

Wenn ein Rechtsanwalt seinem Mandanten verspricht, für ihn einen Prozeß zu führen, schließt er mit diesem einen Dienstvertrag, der Anwalt ist der „zur Dienstleistung Verpflichtete". Mit seinem Bürovorsteher verbindet den Anwalt ebenfalls ein Dienstvertrag, hier ist der Anwalt der „Dienstberechtigte". Es werden also zwei sehr unterschiedliche Rechtsverhältnisse von *einem* Vertragstyp des BGB, von den §§ 611 ff. erfaßt, wenn auch von zwei verschiedenen Unterfällen, dem freien und dem abhängigen Dienstvertrag.

Wenn der Rechtsanwalt einen jungen Kollegen in sein Büro aufnehmen will, so kann er diesen *anstellen,* also einen Dienstvertrag mit ihm schließen, oder auch eine Sozietät begründen, und das wäre ein Gesellschaftsvertrag i. S. d. §§ 705 ff. BGB.[1] In der praktischen Ausgestaltung braucht der Unterschied nicht groß zu sein. Es werden also zwei sehr ähnliche Rechtsverhältnisse von *verschiedenen* Vertragstypen des BGB erfaßt.

Mit diesen Hinweisen soll in die Problematik des Dienstvertrages eingeführt werden. „Dienst" ist kein schlechtes Wort, unter bestimmten Aspekten, z. B. aus der preußischen Geschichte, darf man sinnen über Wert und Würde des Dienstes. Aber im Dienstvertrag steckt viel vom „Bediensteten", vom „Dienstmann", die des Wertes und der Würde entbehren mußten. Es gibt die Untersuchung eines spanischen Kollegen, des Großmeisters Manuel Alonso Olea, Von der Hörigkeit zum Arbeitsvertrag, dt. Ausgabe Heidelberg 1981[2], in der dieser Zusammenhang nachgewiesen wird, bis zurück in die Sklaverei. Man muß nicht Marxist sein, um am Austausch *Arbeit gegen Lohn,* wie von Ware gegen Preis, Anstoß zu nehmen. Das dem Kaufvertrag nachgebildete Austauschmodell des § 611 BGB reizt seit jeher zur Kritik und zur Suche nach einem Gegen-Modell.

---

[1] Vgl. *E. Steindorff,* Die Anwaltssozietät, in: Festschrift für Robert Fischer, Berlin 1979, S. 747 ff. und dort besonders S. 762 ff. über die Möglichkeiten einer direkten oder entsprechenden Anwendung arbeitsrechtlicher Regeln. Richtig wird S. 765 gesagt, daß die „freien Mitarbeiter" bei Rundfunk- und Fernsehanstalten, die das BAG für Arbeitnehmer hielt, oft weniger eingegliedert und persönlich abhängig waren als der innerhalb einer Sozietät tätige Rechtsanwalt.

[2] Vgl. *meine* Rezension RabelsZ 1985 S. 181.

Schon im Entwurfstadium des BGB wollte Otto v. Gierke den germanischen Treudienstvertrag an die Stelle des angeblich romanistischen Austausches setzen.[3] In die Rechtsvorstellungen der Nazis, 40 Jahre später, paßte dieser Gedanke nur allzu gut.[4] Für die Rechtsordnung der Bundesrepublik Deutschland entwickelte Alfred Hueck die Lehre vom *personenrechtlichen Gemeinschaftsverhältnis*[5], angegriffen von Ernst Wolf[6], verteidigt von Wiedemann.[7] Diese Lehre leidet nur darunter, daß weder „personenrechtlich" noch „Gemeinschaftsverhältnis" exakte juristische Begriffe sind. Nikisch ging mit seiner Eingliederungstheorie[8] noch einige Schritte weiter, mit wichtigen Anregungen für die arbeitsrechtliche Dogmatik. Der Erlaß des MitbestimmungsG von 1976 warf zwangsläufig die Frage auf, ob die Arbeitnehmer, die im Aufsichtsrat ihrer Unternehmen nunmehr die Hälfte der Mitglieder stellen, nicht zu einer Art von Gesellschaftern geworden sind, und besonders Löwisch[9] hat diese Frage bejaht, kritisiert von Beuthien.[10] Die vom Bundesjustizminister beauf-

---

[3] *O. v. Gierke*, Der Entwurf eines bürgerlichen Gesetzbuches und das deutsche Recht, Leipzig 1889; ders., Die Wurzeln des Dienstvertrages, Festschrift für Heinrich Brunner, 1914, S. 37 ff.

[4] Das „Gesetz zur Ordnung der nationalen Arbeit" vom 20.1.1934 macht den Unternehmer zum „Führer des Betriebes", die Angestellten zur „Gefolgschaft". Vgl. auch *W. Siebert*, Das Arbeitsverhältnis in der Ordnung der nationalen Arbeit, 1935. Gegen die Gierkeschen Vorstellungen Wilhelm *Ebel*, Zum Ursprung des Arbeitsvertrages, 1936, in: Probleme der deutschen Rechtsgeschichte, Göttingen 1978, S. 1 ff.

[5] *A. Hueck*, Der Treuegedanke im modernen Privatrecht, 1947, Vortrag vor der Bayerischen Akademie der Wissenschaften.

[6] Ernst *Wolf*, Das Arbeitsverhältnis – Personenrechtliches Gemeinschaftsverhältnis oder Schuldverhältnis? Marburg 1970.

[7] Herbert *Wiedemann*, Das Arbeitsverhältnis als Austausch- und Gemeinschaftsverhältnis, Karlsruhe 1966. Dieser Untersuchung ist der vorliegende Text sehr zum Dank verpflichtet. Nicht folgen kann Verf. dem Kollegen Wiedemann, sofern dieser Sätze schreibt wie folgenden: „Das Gemeinschaftsverhältnis verlangt von den Beteiligten auch *eine innere Einstellung*, und zwar im Sinne eines geistigen Wertgerichtetseins", a.a.O. S. 29, sogar noch mit Hinweis auf *Schmidhäuser*, Gesinnungsmerkmale im Strafrecht, 1958. Auch ein Arbeitnehmer, der zähneknirschend und fortwährend Flüche über das vermaledeite kapitalistische System hervorstoßend arbeitet, *ist Arbeitnehmer*: dies hat *Wallraff* zu negieren versucht, doch er entgeht dem Schutzzweck des Arbeitsrechts nicht. Vgl. unten Fn. 27.

[8] Arthur *Nikisch*, Die Grundform des Arbeitsvertrages und des Anstellungsvertrages, 1926; Arbeitsvertrag und Arbeitsverhältnis, 1941; Arbeitsrecht I, § 19 II 5, S. 168.

[9] *Löwisch*, Mitbestimmung im Arbeitsverhältnis, in: Mitbestimmung – Ordnungselement oder politischer Kompromiß, hrsg. von Franz *Böhm* und Götz *Briefs*, 1971, S. 139 ff.

[10] *Beuthien*, Löst sich das Arbeitsrecht in Gesellschaftsrecht auf?, in: Recht und Rechtserkenntnis, Festschrift für Ernst *Wolf*, hrsg. von Dietrich *Bickel*, Walter *Hadding*, Volker *Jahnke* und Gerhard *Lüke*, 1985, S. 17 ff.

tragte Unternehmensrechtskommission hat sich in ihrem Bericht von 1981[11] mit dieser Perspektive beschäftigt.

Ein weiterer Anstoß kam aus dem Beteiligungsgedanken: Arbeitnehmer sind vielfach Aktionäre ihrer Unternehmen, sind mit partiarischen Darlehen oder in festerer Form *beteiligt,* das Gesamtvolumen dieses Arbeitnehmer-Kapitalismus bewegt sich schon in vielfacher Mio-, einige sagen Mia-Höhe. Hier wird irgendwie das Arbeitsrecht vom Gesellschaftsrecht überlagert, die Rechtsstellung des an seinem Unternehmen beteiligten Arbeitnehmers ist noch ungeklärt.

Zwischen Arbeitsrecht und Gesellschaftsrecht geraten Manager, die so hoch steigen, daß sie Organmitglieder (Geschäftsführer, Vorstandsmitglieder) ihrer jeweiligen Gesellschaft werden; für sie will keines dieser Rechtsgebiete richtig zuständig sein.[12]

Zuletzt ist die *alternative* Bewegung zu nennen, mit ihren heroischen Bestrebungen, Betriebe und Unternehmen zu gründen, Arbeit zu organisieren, sich am Markt, „Unter Geiern"[13], zu behaupten, ohne einen Beitrag von Kapital, nach dem Grundsatz vollkommener Gleichberechtigung, d. h. also irgendwie gesellschaftsrechtlich oder genossenschaftlich organisiert. Die Rechtsordnung kommt bisher Bestrebungen dieser Art nicht besonders fantasievoll entgegen. Immerhin könnte darin eine „Überwindung des Lohnvertrages" im allgemeinen Sinne liegen – so eine jüngste Formulierung von Mayer-Maly.[14]

Genug der Zitate! Jedenfalls liegt hier eine Problematik vor, die bewältigt werden muß, und mein Ansteuerungspunkt, das darf ich jetzt schon sagen, wird ein juristisch klar definiertes Rechtsverhältnis sein, nämlich das Gesellschaftsverhältnis der §§ 705 ff. BGB, mit einigen notwendigen Ergänzungen aus dem sonstigen Verbandsrecht. *Nur* mit dem Individualarbeitsrecht werden wir uns befassen – dem sogenannten Individualarbeitsrecht –: denn daß das Kollektivarbeitsrecht – Betriebsrat, Arbeitneh-

[11] Bericht über die Verhandlungen der Unternehmensrechtskommission, hrsg. vom Bundesminister der Justiz, Köln 1980, Rdn. 139 ff.

[12] Vgl. Münchener Kommentar/*Söllner,* § 611 Rdn. 113 ff.

[13] So der Titel eines von der Arbeitsgruppe „Unter Geiern" herausgegebenen und im Jahre 1982 im Stattbuch-Verlag Berlin erschienenen Leitfadens für die Arbeit in selbstverwalteten Betrieben und Projekten. Auch andere Titel zu diesem Thema sind Karl May nachempfunden, wie „Der Schatz im Silbersee" und „Auf fremden Pfaden".

[14] Theo *Mayer-Maly,* Überwindung des Lohnvertrages?, erschienen in: Selbstinteresse und Gemeinwohl (Soziale Orientierung, Bd. 5), 1985, S. 13 ff. Der Aufsatz enthält verdienstvolle Hinweise auf den österreichischen Arbeitsrechtler und Sozialpolitiker Karl Kummer, 1904–1967.

mervertreter im Aufsichtsrat, Gewerkschaften, Vereinigungen von Arbeitgebern – echtes Verbandsrecht ist, bedarf keiner Darlegung.

II. Schwächen des Austauschmodells

Der Arbeitnehmer will für seine Arbeit Lohn, aber das ist nicht alles, was er will. Das Bundesarbeitsgericht hat in langjähriger Rechtsprechung, zuletzt – 1985 – durch den Großen Senat[14a], den Anspruch aller Arbeitnehmer anerkannt, beschäftigt zu werden, arbeiten zu dürfen. Damit wird Arbeit von einer bloßen Vertragsleistung, an der nur die andere Partei interessiert ist, zu einem Beitrag, den zu erbringen man selbst interessiert ist. Der Arbeitnehmer ist jetzt auch in gewissem Sinne „Dienstberechtigter", nämlich im Sinne eines Rechtes *zum* Dienst. Die korrespondierende Beschäftigungspflicht des Arbeitgebers wird zu einer Leistung, die über Geldzahlung weit hinausführt, und sie ist auch mehr als eine bloße Abnahmepflicht.[15] „Beschäftigen" kann nur, wer selbst etwas tut, wer ein Unternehmen betreibt, den Betrieb aufrechterhält, für dessen Fortführung sorgt, m. a. W. *arbeitet.* „Über die Arbeit des Arbeitgebers" lautet eine Schrift von mir aus dem Jahr 1985.[16] Das Arbeitsrecht setzt stillschweigend, seit Anerkennung des Beschäftigungsanspruchs bereits inzident, die unternehmensleitende Tätigkeit des Arbeitgebers als notwendig voraus, die dieser entweder persönlich erbringt, so meist in Klein- und Mittelbetrieben, oder in größeren Verhältnissen durch beauftragte Manager. Das Arbeitsrecht hat fehlerhafterweise diese Arbeit des Arbeitgebers bisher ignoriert[17], als außerhalb des Arbeitsverhältnisses stehend angesehen, als bloße Ausübung des Eigentumsrechts. In Wahrheit schuldet der Arbeitgeber dem Arbeitnehmer seine Arbeit, wie dieser seine Arbeit ihm. Ließe ein Arbeitgeber alles stehen und liegen, ohne einen Ersatzmann zu stellen, und diesen *einzuarbeiten*, so geriete er nicht nur in Annahme-, sondern auch in Schuldnerverzug, mit der Folge entsprechender Schadensersatzpflichten.[18] Damit verlaufen die Hauptlei-

---

[14a] BAG Großer Senat v. 27.2.1985, NJW 1985, 2968; dazu *Adomeit*, Der Weiterbeschäftigungsanspruch – abgelehnt, NJW 1986, 901.

[15] Anders *Wiedemann*, Das Arbeitsverhältnis als Austausch- und Gemeinschaftsverhältnis, S. 62.

[16] Veröffentlicht vom Bundesverband Druck.

[17] Es will ein „Sonderrecht der Arbeitnehmer" (A. Hueck) sein. Da es sich aber mit zweiseitigen Rechtsverhältnissen beschäftigt, hat es schon in seiner Definition eine ganze Vertragspartei vergessen.

[18] §§ 320 ff. BGB sind anwendbar, da es sich bei der Pflicht des Arbeitgebers zur *Mitarbeit* um eine Hauptleistungspflicht aus dem Arbeitsverhältnis handelt. Die Vollstreckung scheitert spiegelbildlich an § 888 II ZPO.

stungen im Arbeitsverhältnis parallel nebeneinander, sie sind gemeinsam auf den Unternehmenszweck hin gerichtet: die Arbeit des Arbeitnehmers und die Arbeit des Arbeitgebers. Und es ist evident, wie beide in Gegenrichtung davon profitieren, das Unternehmensergebnis ist die wirtschaftliche Grundlage für den Lohn aller Arbeitnehmer wie für den Unternehmerlohn, den bisher nur die Betriebswirtschaftslehre kennt[19], den das Arbeitsrecht aber kennen sollte. Außerdem ist das Unternehmensergebnis die wirtschaftliche Grundlage für die Kapitalrendite des Unternehmers, der Banken und der sonstigen Geldgeber, zu denen mehr und mehr auch Arbeitnehmer gehören.

III. Die Angemessenheit des § 705 BGB

Das Arbeitsverhältnis ist nach dem Stand unserer Einsicht, und gerade bei sozial inspirierter Einsicht, siehe Beschäftigungspflicht, nicht mehr in § 611 BGB unterzubringen, dagegen verspricht § 705 BGB, dem Arbeitsverhältnis ein juristisches Zuhause zu bieten.

§ 705 setzt nicht an den Anfang ein Tauschgeschäft, sondern einen gemeinsamen Zweck. Mit dem Abschluß eines jeden Arbeitsvertrages wird ein gemeinsamer Zweck gesetzt, die Koordination von Betriebsleitung und Kapitaleinsatz beim Unternehmer mit der Arbeitskraft des neu Eingestellten zur Erzielung eines zu Verteilenden, einer *Dividende*. Isoliert gesehen ist die Leistung des einzelnen Arbeitnehmers im Regelfall sinnlos, erst die Einfügung dieser Leistung in den Gesamtzweck des Unternehmens ergibt ihren wirtschaftlichen Sinn. Sogar die Gesamtheit der intellektuellen und manuellen Aktivitäten aller Arbeitnehmer schafft im Industriezeitalter noch keine Werte, sondern erst unter dem Beitrag des Kapitals, das sich in Maschinen verkörpert, mit denen Arbeitnehmer in Kooperation, mehr und mehr schon in Konkurrenz treten müssen. Die Definition des Unternehmens bzw. des Betriebes als einer Zusammenfügung von persönlichen und sachlichen Mitteln erfaßt diesen Tatbestand richtig. Das Unternehmen als Zweck ist wichtiger als der jeweilige Inhaber – das zeigt § 613 a BGB – und wichtiger als die derzeit tätigen Arbeitnehmer –: die nachwachsende Generation hofft, daß die bestehenden Arbeitsplätze eines Tages für sie frei werden.

§ 705 statuiert die Pflicht, diesen gemeinsamen Zweck zu *fördern*, als höchst allgemeine Bestimmung; die Leistung der vereinbarten Beiträge ist nur ein Unterfall. Paradox kann man formulieren, daß die Hauptpflicht ein Spezialfall aus der Gesamtheit der Nebenpflichten ist. Die Haupt-

---

[19] Kollegen aus der Betriebswirtschaftslehre sagen mir, daß dieser Begriff schon Antonin von Florenz im 14. Jahrhundert bekannt war.

pflicht kann man erfüllen durch Einsatz von Kapital wie durch Leistung von Diensten, § 706 III. Dies ist eine bemerkenswerte Gleichstellung, durch die sowohl der persönlich mitarbeitende Arbeitgeber wie der kapitalistisch beteiligte Arbeitnehmer erfaßt werden, was § 611 BGB nicht leisten kann.

§ 705 geht unausgesprochen von *mehreren* Beteiligten aus. Eine Zweier-Beziehung ist kein richtiges Gesellschaftsverhältnis. Zwar brilliert die Gesellschaftsrechtsdogmatik mit der Einmann-Gesellschaft[20], neuerdings sogar mit der Kein-Mann-Gesellschaft, aber das sind exotische Züchtungen. Das kollektivrechtliche Element ist dem Gesellschaftsrecht vom Ursprung her vertraut, auch der Gedanke der Zusammenarbeit. Und § 611 BGB, indem diese Vorschrift von einer bloßen Zweier-Beziehung ausgeht, hat zu der unbefriedigenden Trennung von Individualarbeitsrecht und Kollektivarbeitsrecht geführt. Jedes einzelne Arbeitsverhältnis nimmt aber schon teil an einer kollektiven Zusammenfügung von Interessen. Der Arbeitnehmer steht nicht *allein* dem Arbeitgeber gegenüber, die Kollegen sehen ihm über die Schulter. Wenn er wenig Arbeitsleistung erbringt, haben andere diese Leistung zu erbringen, wenn er durch Abwesenheit glänzt, müssen andere für ihn anwesend sein.

Der Abschluß eines Arbeitsvertrages und seine Verwirklichung durch Einstellung des Arbeitnehmers hat immer schon *organisations*rechtliche Elemente – was besonders Wiedemann[21] als specificum des Gesellschaftsrechts sieht: durch die notwendige Zustimmung des Betriebsrats ist die Gesamtheit aller anderen Arbeitnehmer daran beteiligt, und *mit* der Einstellung tritt der neue Arbeitnehmer in den Betriebsverband[22] ein, erwirbt einen verbandsrechtlichen Status, vor allem das aktive Recht zur Teilnahme an der Betriebsratswahl; nach kurzer Zeit (6 Monate) auch schon das passive Wahlrecht. Der besonders ausgeprägte Bestandsschutz des Arbeitsverhältnisses, die Chance auf Erhalt einer Abfindung bei vorzeitigem Ausscheiden durch Sozialplan oder Kündigungsschutzprozeß, zuletzt noch die praktisch übliche Anwartschaft auf ein betriebliches Ruhegeld betonen, wie sehr sich das Arbeitsverhältnis „from contract to status"[23] entwickelt hat, und zwar sogar noch das BGB-Gesellschaftsverhältnis überholend, das, weil leicht kündbar, sehr unstabil ist; das Arbeitsverhältnis nähert sich der Mitgliedschaft im Verein, die Begründung des Arbeitsverhältnisses hat Beitrittscharakter.

---

[20] Zur Ein-Mann-Gesellschaft, vgl. § 319 AktG, § 50 UmwG.
[21] Vgl. hierzu *Wiedemann*, Gesellschaftsrecht I, 1980, Vorwort S. VII.
[22] Zum Begriff des Betriebsverbandes vgl. *Dietz/Richardi*, BetrVG, 6. Aufl. 1981, § 1 Rdn. 1 ff.
[23] Über die gegenteilige Tendenz hört man in angelsächsischer Rechtstheorie.

Die §§ 705 ff BGB rechnen mit einer Mehrheit von Gesellschaftern, und diese Gesellschafter werden vom Grundsatz her unter das Prinzip der Gleichheit gestellt, z. B. § 706. Aber stärker noch als der Gleichheitsgedanke ist das Prinzip der Vertragsfreiheit; man *darf* gravierende Abstufungen vornehmen, es kann ein Gesellschafter „*gleicher*" als alle anderen sein, z. B. allein die Befugnis zur Vertretung nach außen und zur Geschäftsführung im Innenverhältnis besitzen. Die Gesellschaft kann eine bloße Innengesellschaft sein, d. h. also ohne Vertretungsbeziehungen, der Handelnde vertritt nur sich selbst, sowie ohne Gesamthandseigentum, konsequent dann auch ohne gemeinsame Haftung. Diese Flexibilität durch Vertragsfreiheit erlaubt es erst, *den Arbeitgeber* im Ensemble mit den Arbeitnehmern als einen *Gesellschafter* zu sehen, als einen privilegierten, dafür aber auch besonderen Ansprüchen ausgesetzten Gesellschafter.

IV. Die These: Das Arbeitsverhältnis als gemischtes Rechtsverhältnis

Daher darf ich meine These schon jetzt bringen: das typische Arbeitsverhältnis ist ein gemischtes Rechtsverhältnis, gemischt aus Elementen des Dienstvertrages und der BGB-Gesellschaft – im Sinne einer Innengesellschaft; die §§ 705 ff ergänzen die Dienstvertragsvorschriften. Bei arbeitsrechtlichen Fragen kann der gesellschaftsrechtliche Charakter so überwiegen, daß *allein* Gesellschaftsrecht anzuwenden ist.[24] Am Anfang steht also die Qualifikation einer Rechtsfrage. In weiten Bereichen stimmen die Dogmatik des Dienstvertrages und die der Gesellschaft ohnehin überein, und keineswegs zufällig, so in der Loslösung von den §§ 320 ff BGB im Recht der Leistungsstörungen, in der Behandlung des fehlerhaften Vertrages, in der starken Betonung der Treuepflicht aller Beteiligten[25], wovon die sog. Fürsorgepflicht des Arbeitgebers nur ein besonders intensiver Spezialfall ist, was seiner herausgehobenen Stellung entspricht.

Welchen Nutzen kann die ergänzende Heranziehung von Vorschriften über die BGB-Gesellschaft für das Arbeitsrecht bringen? Dafür zwei Beispiele:

1. Nach § 708 hat ein Gesellschafter nur die Sorgfalt zu üben, die er in eigenen Angelegenheiten anzuwenden pflegt, er haftet also praktisch nur

---

[24] Auch bei sonstigen gemischten Verträgen (Musterbeispiel: Beherbergungsvertrag – Er enthält Elemente der Miete [Wohnraumüberlassung], des Dienstvertrages [Bedienung], und des Werkvertrages [Speisezubereitung]) ist anerkannt, daß bei Leistungsstörungen jeweils die Regeln des Vertragstyps *allein* anzuwenden sind, für den die betreffende Leistung charakteristisch ist. Vgl. hierzu Münchener Kommentar/*Söllner*, § 305 Rdn. 44 ff.; *Ulmer*, vor § 705 Rdn. 70 f.

[25] Vgl. *Wiedemann*, a. a. O., S. 56 ff. (62 f.).

für grobe Fahrlässigkeit und natürlich für Vorsatz. Zu einer solchen Haftungseinschränkung für den Arbeitnehmer mußte sich das Arbeitsrecht in jahrzehntelanger Entwicklung durchringen und erst *jetzt*, nachdem laut Vorlagebeschluß eines der Senate des Bundesarbeitsgerichts[26] das Merkmal der gefahrgeneigten Arbeit keine Voraussetzung für die Privilegierung mehr sein soll, ist das Arbeitsrecht bei § 708 angekommen.

2. Beispiel: Nach den §§ 713, 716 und 721 hat der Gesellschafter, auch wenn er nicht an der Geschäftsführung beteiligt ist, Informations-, Einsichts- und Kontrollrechte, auch den Anspruch auf Rechnungslegung. Damit ist die Mitbestimmung der Arbeitnehmer vorgebildet, für die die §§ 611 ff keinerlei Ansatz bieten, was sollte auch Mitbestimmung in einem reinen Austauschverhältnis! Mitbestimmung – sowohl die betriebliche wie die im Unternehmen – setzt Beteiligung voraus, und, sofern sie die Beteiligung nicht vorgefunden hat, *schafft* sie Beteiligung, indem eine Anzahl von Rechten zu gemeinschaftlichen Rechten wird, etwa die Befugnis, Betriebsvereinbarungen abzuschließen, aber auch schon die Befugnis zur Einstellung, die an die Zustimmung des Betriebsrats gebunden ist. Durch die betriebliche Mitbestimmung partizipiert die Arbeitnehmer-Seite an echten Arbeitgeber-Funktionen, z. B. an der Ausübung des Direktionsrechts, besonders deutlich bei § 87 BetrVG; ohne eine neue Theorie vom Arbeitsverhältnis wäre das nicht zu fassen.

So wird übrigens auch die Zweiteilung innerhalb des Kollektivarbeitsrechts erklärlich: das Tarifrecht (plus Arbeitskampf) knüpft bei den austauschrechtlichen Elementen des Arbeitsverhältnisses an, das Mitbestimmungsrecht bei den gesellschaftsrechtlichen. Daraus läßt sich plausibel ableiten, daß durch Tarifvertrag Mitbestimmungsrechte nicht geregelt, d. h. nicht eingeschränkt, aber auch nicht erweitert werden können.

Nach meiner Theorie ist das typische Arbeitsverhältnis ein gemischtes Rechtsverhältnis, und die Einschränkung „typisch" ist zu erklären. Die Arbeit im Haushalt ist atypisch, es fehlt ein Unternehmen. Leiharbeit oder gar Schwarzarbeit sind pure Verdingung für Lohn, erst recht die Kombination von beiden, wo man sich, nach G. Wallraff, „ganz unten" abrackert.[27] Auch kann der Öffentliche Dienst mangels Erwerbszwecks nur schwer gesellschaftsrechtlich interpretiert werden – für diesen fehlt noch eine Konzeption, die den gesamten Geltungsbereich der Personalvertretungsgesetze, unter Einschluß der Beamten, abdeckt. Ihre Eigenart

---

[26] Siehe BB 1985, S. 464 (Presseinformation).

[27] So der Titel seiner 1985 erschienenen Reportage über seine Arbeit als verkleideter Gastarbeiter in verschiedenen Unternehmen. Was der Autor nicht erklären kann: weshalb man sich freiwillig in so fürchterliche Umstände hineinbegibt, sofern man nicht gerade einen Bestseller vorbereitet.

haben auch die kirchlichen Arbeitsverhältnisse.[28] Dagegen paßt eine gesellschaftsrechtliche Konstruktion nahtlos auf alle gewerkschaftlichen Arbeitsverhältnisse: die Mitarbeiter der „Neuen Heimat" sind Arbeitnehmer von Arbeitnehmern, vermittelt durch verbandsrechtliche Einrichtungen. Über den eingangs genannten Bürovorsteher wird noch nachzudenken sein, der Anwalt darf mit ihm, so wird mir gesagt, aus standesrechtlichen Gründen keine Sozietät vereinbaren, und das ist auch in diesem Zusammenhang wohl ein Hinderungsgrund.

Für den typischen in Erwerbszwecke eingebundenen Arbeitnehmer dagegen – in Landwirtschaft, Industrie, Handel, Dienstleistungsgewerbe – ist die Lehre vom gemischten Rechtsverhältnis m. E. richtig, und zwar als Lehre *de lege lata*, unabhängig von den Vertragserklärungen, als bereits hier und heute gültig, nicht erst als ein Modell, das man wählen oder verwerfen kann.

V. Mögliche Einwände

Nun ist folgender Einwand zu erwarten: der Gesetzgeber ahnt nichts davon, er hat das Arbeitsverhältnis in den §§ 611 ff untergebracht, und zwar ausschließlich dort, er hat die Novellen zum Arbeitsrecht dort eingefügt (§ 611 a, § 613 a), folglich gehört es dort auch hin. Aber: wir schulden zwar als Juristen den normativen Anordnungen des Gesetzgebers Gehorsam – denkenden Gehorsam nach Ph. Heck – nicht aber seinen Vorstellungen, *wo* ein Institut oder ein Rechtsverhältnis einzuordnen sei. Einordnungsfragen sind rechts*wissenschaftliche* Fragen, der Gesetzgeber kann hierbei *irren*, wie beim nichtrechtsfähigen Verein.[29] An den §§ der arbeitsrechtlichen Gesetze ist nicht zu rütteln, ergänzt und differenziert werden muß dagegen die Dogmatik des Arbeitsverhältnisses und die zugrundeliegende Denkweise.

Noch einem zweiten Einwand ist zu begegnen. Danach sind Arbeitgeber und Arbeitnehmer zu verschieden, um als gleichgerichtet wirkend gesehen zu werden. Ihre Interessen seien eher antagonistisch. Allein der Arbeitgeber habe das Eigentum an den Produktionsmitteln und auch am Arbeitsprodukt, und auf dieses doppelte Eigentumsrecht komme es an. Der Arbeitgeber sei der wirtschaftlich Stärkere. Der Arbeitnehmer sei

---

[28] Vgl. hierzu die Monografie von *Richardi*, Arbeitsrecht in der Kirche, 1984.

[29] Es ist einhellig anerkannt, daß die Regelung des § 54 S. 1 BGB mit seiner Verweisung auf das Gesellschaftsrecht rechtsdogmatisch mißglückt ist. Zu dem Bemühen, die Vorschrift verfassungskonform auszulegen, vgl. Münchener Kommentar/*Reuter*, § 54 Rdn. 1 ff. Die Distanzierung von der gesetzlichen Regelung ist den Gewerkschaften zugute gekommen, die sonst kein Klagerecht gehabt hätten, § 50 I u. II ZPO.

abhängig, unselbständig, seine Arbeit sei fremdbestimmt, er arbeite für
fremde Rechnung, am Arbeitsergebnis sei er nicht beteiligt.

Keine dieser Charakterisierungen ist m. E. für die Gegenwart überzeugend, und wo dergleichen heute noch auffindbar ist, wie bei der Wallraff-
schen Maloche, handelt es sich um zu überwindende Restbestände *außerhalb* der Rechtsordnung. Der Arbeitnehmer innerhalb des Arbeitsrechts
hat durch die Schutzgesetze, die Mitbestimmung seines Betriebsrates, die
Tarifautonomie, durch den Kündigungsschutz und die ihm verbliebene
Kündigungsfreiheit, zusätzlich durch das Sozialversicherungsrecht, einen
hohen Grad von *Unabhängigkeit* erreicht, während der Arbeitgeber im
gleichen Maße seine Unabhängigkeit und Eigenbestimmtheit eingebüßt
hat. Der Bereich paritätischer Mitbestimmung des Betriebsrates ist statt-
lich, beläßt dem Arbeitgeber keineswegs mehr die freie Disposition über
seine Betriebsanlagen, die ihm § 903 BGB verspricht, man denke an die
Einführung von Bildschirmarbeitsplätzen.[29a] Und alle Arbeitnehmer pau-
schal als unselbständig zu erklären, ohne Hinblick auf ihren Rang, ihre
sonstige wirtschaftliche Sicherung, ohne jede Perspektive, aus diesem
inferioren Zustand herauszukommen, das ist sozialpolitisch *ein starkes
Stück.* Im Wirken der von ihnen gewählten Betriebsräte, in der Aktivität
ihrer Gewerkschaften, durchaus auch bei Handhabung ihrer Vertragsfreiheit und Kündigungsfreiheit („sich verbessern"), zeigt es sich, wie *selb-
ständig* Arbeitnehmer sind.

Eine wirkliche Einbuße an Selbständigkeit erleiden sie allerdings durch
die Schutzvorschriften des Arbeitsrechts, die ihnen gewährten Rechte
sind fast ausschließlich *unabdingbar*, aber dies kann nicht das letzte Wort
sein, es fragt sich, *wann* in der sozialen Entwicklung man allen Arbeitnehmern oder einigen von ihnen oder jedenfalls ihren Betriebsräten
zutrauen kann und vielleicht aus verfassungsrechtlichen Gründen
zutrauen *muß*, die volle Vertragsfreiheit sinnvoll einzusetzen. *Mündigkeit*
für die Bürger ist sonst überall ein Leitbild der Rechtsordnung, Emanzi-
pation das große Ziel. Das Arbeitsrecht hat sich zu sehr daran gewöhnt zu
bevormunden. Richtig ist, daß jede Möglichkeit, das Arbeitsrecht zu
überschreiten, eben vom Arbeitsrecht erst geschaffen worden ist, daß man
das Arbeitsrecht daher, so weit man es verabschiedet, mit Dankbarkeit
verabschieden sollte. Dies ist freilich ein Vorgriff auf eine mögliche
Zukunft.

Zuletzt ist noch auf das „für fremde Rechnung arbeiten" einzugehen.
Hier kommt es auf genaue Zahlen an, die nicht leicht zu ermitteln sind.

[29a] S. hierzu die grundlegende Entscheidung des BAG vom 14. 9. 1984, abge-
druckt in BB 1985, S. 193 mit Anmerkung von *Hunold.*

Im Wirtschaftsteil der „Zeit" waren kürzlich[30] die 100 größten deutschen Unternehmen mit Umsatz, Wertschöpfung, Profit nach den Zahlen des Jahres 1984 aufgelistet. Die Liste, soweit ich sehe, ist von keiner Seite bestritten worden. Hier sei ein Unternehmen herausgegriffen, das wohl kapitalistisch genug ist, Daimler-Benz. Dieses Unternehmen hat 1984 eine Wertschöpfung von 12 431 Mio erwirtschaftet. Davon sind 2130 Mio an Steuern gezahlt worden, 52 Mio waren den Banken zu entrichten, 355 Mio sind im Unternehmen stehen geblieben und dessen Funktionsfähigkeit zugute gekommen. Es blieb ein auszuzahlender Betrag von rund 10 Mia, davon haben die Anteilseigner 356 Mio erhalten, die Arbeitnehmer 9538 Mio. Die Relation ist also so: $\frac{1}{28}$ für das Kapital, $\frac{27}{28}$ für den Faktor Arbeit. Danach kann man schwerlich sagen, die Arbeitnehmer hätten für fremde Rechnung gearbeitet, vielmehr haben sie zu $\frac{27}{28}$ für eigene Rechnung gearbeitet.

Nun war dies ein Einzelfall; es gibt in der Tat Firmen mit höherem Kapitalprofit, etwa die Benzinfirmen, aber auch Firmen mit beträchtlich weniger, und es gibt zu denken, wie oft in der für den Eigentümer vorgesehenen Rubrik die Ausschüttung Null ist, z. B. bei den Hüttenunternehmen wie Arbed Saarstahl. Aber auch Ford und Opel haben 1984 an die Anteilseigner *nichts* ausgeschüttet, mußten sogar, um die Löhne zu zahlen, Reserven angreifen, Ford in Höhe von 300 Mio, Opel in Höhe von fast 700 Mio. Die Formel vom „für fremde Rechnung arbeiten" beruht also auf Gedankenlosigkeit, leichter kann das Kapital zu 100 % dem Faktor Arbeit zugute kommen, als die Arbeit zu auch nur 50 % dem Kapital. Der so oft betonte Interessengegensatz zwischen Arbeit und Kapital ist nichts weniger als antagonistisch, er reduziert sich auf eine Verteilungskonkurrenz, wie sie in jeder Gesellschaft unter den Gesellschaftern auftreten kann und regelmäßig auftritt. Wenn aber der Faktor Arbeit bereits $\frac{27}{28}$ des zu verteilenden Ergebnisses für sich erobert hat, was schon eine Art von societas leonina ist, kann das Arbeitnehmer-Interesse nicht sehr heftig sein, das entgangene $\frac{1}{28}$ auch noch auf die eigene Seite zu ziehen. Das wäre nur ein geringer Lohnvorteil, etwa 3,6 % Erhöhung, es könnte aber leicht das Kapital aus dem Unternehmen verscheucht werden, weil dieses nun einmal, wie jeder Arbeitnehmer auch, ungern zum Nulltarif arbeitet. Die Arbeitnehmer müssen daran interessiert sein, daß das Kapital einen Anteil erhält, der genügend motiviert, im Unternehmen produktiv zu bleiben, ebenso wie die Kapitalisten nichts gegen interessante Löhne haben können, durch die qualifizierte und freudig tätige Mitarbeiter angelockt und gehalten werden.

---

[30] Die ZEIT vom 9. 8. 1985, S. 20.

Gerade diese evidente Interessen*verschränkung* läßt seit langem die Tarif-
auseinandersetzungen, in denen man sich rhetorisch in Gegnerschaft
hineinsteigert, nach unserer letzten Erfahrung von 1984, an die man
ungern zurückdenkt, sogar in Haß[31], statt sich zunächst einmal gegensei-
tig zu bedanken, als künstlich, unwirklich und theoretisch im schlechten
Sinne, nämlich als höchst unpraktisch, erscheinen. Gerade hier wäre ein
kräftiger Zuschuß gesellschaftsrechtlichen Denkens von Nutzen, und
zwar von *gemeinsamem* Nutzen. Das BetrVG, wenn es in einem Atem-
zug vom „Wohl der Arbeitnehmer *und* des Betriebes" (§ 2) spricht, das
Grundgesetz, wenn es die „Wahrung und Förderung der Arbeits- *und*
Wirtschaftsbedingungen" (Art. 9 III) als Einheit sieht, sind Vorbilder.

VI. Konkrete Auswirkungen gesellschaftsrechtlichen Denkens

An den §§ der arbeitsrechtlichen Gesetze ist nicht zu rütteln, dagegen
soll die Dogmatik des Arbeitsverhältnisses und die zugrundeliegende
Denkweise modifiziert werden. Dafür einige Beispiele:

1. Erweiterte Interessenabwägung

Bei individualarbeitsrechtlichen Streitigkeiten ist typischerweise eine
Interessenabwägung vorzunehmen, und die Arbeitsgerichte stellen oft
dem Interesse des Arbeitnehmers, sein Begehren erfüllt zu bekommen,
das Interesse des Arbeitgebers gegenüber, daß sein Profit nicht geschmä-
lert werden möge. Dieses Arbeitgeber-Interesse wirkt dann von selbst
unbeträchtlich, knauserig, egoistisch. Was Arbeitsgerichte selten verste-
hen, ist, daß der Arbeitgeber durchaus Anwalt des Unternehmensinteres-
ses sein kann – vgl. die Untersuchungen von Th. Raiser[32] –, daß der
Arbeitgeber vielfach im Sinne aller anderen Arbeitnehmer handelt. Die
Belegschaft wird durchaus etwas dagegen haben, wenn einer aus ihrem
Kreis seine Rechte bis zur Mißbrauchsgrenze ausreizt, z. B. für ein Jahr,
in dem er krankheitshalber keinen Tag gearbeitet hat, die andern aber ja,
den ganzen Jahresurlaub einfordert.[33] Wenn einem Arbeitnehmer, der
unzuverlässig, unkollegial oder auch nur uneffektiv war, gekündigt wird
und der Arbeitgeber diese Kündigung im Rechtsstreit verteidigt, so führt

---

[31] Vgl. Peter *Klemm*, Machtkampf einer Minderheit, Der Tarifkonflikt in der
Druckindustrie, 1984.
[32] Thomas *Raiser*, Das Unternehmensinteresse, 1976, in: Festschrift für Reimer
Schmidt, S. 101 ff.
[33] Der 6. Senat des BAG vertritt die Auffassung, daß ein Arbeitnehmer seinen
Anspruch auf Urlaub nicht dadurch verliert, daß er infolge Krankheit nur eine
geringe Arbeitsleistung im Urlaubsjahr erbracht hat, BAG NJW 1982, 1548. Vgl.
dazu *Buchner*, DB 82, S. 1823 und *Leinemann*, DB 83, S. 989.

er oft eine actio pro socio für jedes andere Mitglied der Belegschaft. Es war sehr plausibel, daß §102 V BetrVG dem entlassenen Arbeitnehmer im Kündigungsprozeß den Weiterbeschäftigungsanspruch nur dann gewährte, wenn sich der Betriebsrat hinter ihn gestellt hatte, sonst nicht. Das BAG hat[34] diese Unterscheidung über den Haufen geworfen und damit die Rechte des Betriebsrats, das Belegschaftsinteresse wirksam zu vertreten, in beklagenswerter Weise gemindert.

2. Gratifikationen

Bei Lohnfragen wird der Austauschcharakter im Vordergrund stehen, pures Arbeitsrecht anzuwenden sein, wenn auch die Lehre vom Betriebs-risiko[35] neu durchdacht werden sollte, anders bei Gratifikationen. Zu ihnen ist der Dogmatik bis heute keine überzeugende Theorie gelungen, weder Entgelt- noch Fürsorgetheorie sind überzeugend. Dagegen führt die Pflicht eines jeden Gesellschafters, den gemeinsamen Zweck nach Kräften zu fördern, beträchtlich weiter. Nach § 707 BGB ist kein Gesell-schafter zur Erhöhung des vereinbarten Beitrags verpflichtet, aber, so geht der Umkehrschluß, durchaus berechtigt, jedenfalls dann, wenn sein Gewinn- und Auseinandersetzungsanspruch dadurch nicht erhöht wird. Mindestens aber besteht eine Vermutung vorweggenommener Akzep-tanz, wodurch eigenwillige Konstruktionen wie die *Gesamtzusage* M. L. Hilgers[36] entbehrlich werden. Durch Mithilfe des Gesellschaftsrechts sind Gratifikationen in sachangemessener Weise unter volle Vertragsfreiheit zu stellen, soweit nicht das „G zur Verbesserung der betrieblichen Altersver-sorgung" – dieses G hat vielfach zur *Verschlechterung* der betrieblichen Altersversorgung geführt! – das Gegenteil anordnet. Das von der Recht-sprechung so stark herausgestellte Prinzip der Gleichberechtigung ist *abdingbar*[36a], mindestens soweit Gründe aus dem Unternehmensinteresse für eine Differenzierung sprechen. Gratifikationen sind ein nützliches Steuerungsinstrument für eine auf das Gesamtwohl bedachte Unterneh-

---

[34] BAG Großer Senat v. 27.2.1985, vgl. oben Fn. 14a.

[35] Die Rechtsprechung weist Versuche, das Unternehmerwagnis auf den Arbeit-nehmer zu verlagern, zurück: LAG Hamm, BB 1980, S. 105 erklärt die Vereinba-rung eines Gastwirts mit einer Serviererin, daß deren Anspruch auf Umsatzpro-zente von der Zahlungswilligkeit und -fähigkeit der Gäste abhänge, für nichtig. Problematisch ist es auch, wenn dem Unternehmer bei von außen kommenden Störungen der Arbeit, die er gar nicht beherrschen konnte – Brandkatastrophe, Bombenanschlag, ukrainische Kraftwerksschwierigkeiten – die ganze Lohnzah-lungspflicht für alle Arbeitnehmer auferlegt wird.

[36] Entwickelt in: Das betriebliche Ruhegeld, zugleich ein Beitrag zum Recht der betrieblichen Arbeitsbedingungen, 1959, S. 51 ff.

[36a] *P. Ulmer*, MünchKomm., § 705 Rdn. 173: „Der Grundsatz gleichmäßiger Behandlung ist dispositiver Natur, soweit nicht die Schranke des § 138 eingreift."

mensführung. *Rückzahlungsklauseln*[37] waren durchaus im Unternehmensinteresse, was jedem Gratifikationsempfänger klar sein mußte; die äußerst restriktive Rechtsprechung bedarf der Revision.

Vor allem aber ist dem Betriebsrat, bzw. auf Unternehmensebene dem Gesamtbetriebsrat, die Kompetenz zuzuerkennen, eine Gratifikation, die sich nicht bewährt hat, nicht im Unternehmensinteresse liegt oder diesem geradezu widerstreitet, in Vereinbarung mit dem Arbeitgeber zu reduzieren oder abzuschaffen.[38] Man nimmt die Institution des Betriebsrats nicht ernst genug, wenn man ihm dieses Recht versagt. Wenn der Betriebsrat, der die Belegschaft vertritt und von ihr wiedergewählt werden will, sich von der Notwendigkeit einer anpassenden Regelung überzeugen läßt, so ist ihm zu folgen, das Einzelinteresse ist demgegenüber nur partikulär. Dies ist übrigens durchaus im Sinne des Gratifikationsgedankens, dient seiner Erhaltung. Denn Gratifikationen, von denen man nie wieder los kommt, werden erst gar nicht gewährt.

3. Sanierung eines vom Untergang bedrohten Unternehmens

Im Jahre 1985 hat es in der Bundesrepublik Deutschland fast 20 000 Insolvenzfälle gegeben, es handelt sich also um ein leider aktuelles Thema.

Wenn der Ruin droht, dann tritt das Gemeinsame am deutlichsten hervor; Unternehmensinteresse, Belegschaftsinteresse und Kapitalinteresse werden bis in die Nähe der Identität einander ähnlich. Die Erhaltung des Unternehmens ist wichtig, alles andere zweitrangig. Dem Gesellschaftsrecht ist der Gedanke, man habe sich dann gemeinsam einzuschränken, *eingeboren;* im Gegenteil wird irgendeine Verteilung erst dann aktuell, wenn ein erwirtschafteter Überschuß da ist.

Der Beitrag des Arbeitsrechts zur Unternehmenssanierung ist bisher gering[39], die von unserer Rechtsordnung bisher bevorzugte strikte Fortführung des Arbeitnehmerschutzes statt des Unternehmensschutzes greift zu kurz, wirkt kontraproduktiv. Die Vorschriften des BetrVG über Betriebsänderung und Sozialplan sowie der § 613a BGB in der noch amplifizierenden Sicht des Bundesarbeitsgerichts haben gerade zum unnötigen oder vorzeitigen Ruin vieler Unternehmen beigetragen.[39a]

---

[37] Vgl. hierzu *Blomeyer* und *Buchner*, Rückzahlungsklauseln im Arbeitsrecht, 1969; *Hanel*, Betriebliche Bindung des Arbeitnehmers durch Rückzahlungsklauseln, Personal 82, S. 347.

[38] Vgl. hierzu *Dietz/Richardi*, BetrVG § 87 Rdn. 522.

[39] S. dazu *Hanau*, Möglichkeiten der Sanierung von Unternehmen durch Maßnahmen im Unternehmens-, Arbeits-, Sozial- und Insolvenzrecht, München 1982, in: Verhandlungen des deutschen Juristentages, 54. 1982, Bd. 1.

[39a] Vgl. hierzu etwa: *Beuthien*, Sozialplan und Unternehmensverschuldung, 1980, *ders.* ZfA 82, S. 202 ff.

Die zum rechtspolitischen Postulat gewordene Forderung „Mehr Flexibilität"! ist demgegenüber nur vernünftig, bezeichnet aber keineswegs etwas Sensationelles, sondern ein Zurück zum Ursprung: die wirtschaftlichen Grundlagen für eine Zusammenarbeit durch Verträge zu sichern.

Die Lösung der hiermit verbundenen Probleme ist schwierig, *ein* Ansatz ist das arbeitsrechtstypische *Günstigkeitsprinzip* – das habe ich an anderer Stelle – NJW 1984, 26 zuerst – dargestellt. Der Ruin *seines* Unternehmens ist für jeden Arbeitnehmer ungünstig, die Erhaltung dagegen günstig, und er muß selbst entscheiden, wie wichtig momentane Lohnhöhe, Urlaubsgeld, Weihnachtsgeld – ein zuletzt aktuelles Problem bei Arbed Saarstahl! – ihm sind. Wenn in der Notsituation zum Zwecke der Unternehmenserhaltung die Vertragsfreiheit in das Arbeitsverhältnis zurückkehrt, wenn die Betriebsautonomie gegenüber der Tarifautonomie das „prae" erhält, dann ist das keine schlechte Anleihe am gesellschaftsrechtlichen oder genossenschaftlichen Gedanken.

Es wäre übrigens nur zu gut verständlich, wenn der Betriebsrat, dem man eine verbösernde Betriebsvereinbarung ansinnt – das Adjektiv „verbösernd" stimmt weder sprachlich noch der Sache nach – wissen möchte, welche Beschränkung der Eigentümer sich auferlegt. Der Umfang zulässiger Entnahmen durch die Kapitalseite ist bisher nicht als Regelungsgegenstand für Betriebsvereinbarungen anerkannt, sollte es aber sein, jedenfalls im Sanierungsfall. Nur so kann das Gleichgewicht gewahrt werden, eine solide Einigung zustande kommen.

Einige Gesprächspartner von mir sagen: ein Unternehmen, das nicht einmal den Tariflohn und die typischen arbeitsrechtlichen Leistungen aufbringt, taugt nichts und geht zu Recht unter. Das ist aber hartherzig, fast schon brutal, weniger im Hinblick auf die Kapitaleigner, die ihr Schäfchen oft ins Trockene bringen, als vielmehr im Hinblick auf die Arbeitnehmer. Wenn ein Unternehmen die Stechuhr abstellt, dann haben schon die über 45 Jahre alten Arbeitnehmer kaum noch eine Perspektive. Gerade *ihnen* sollte die Aussicht auf Fortführung ihres Unternehmens eröffnet werden.

4. Das Problem des ungemütlichen Arbeitsverhältnisses

Dies führt mich auf ein letztes praktisches Problem, das ich das Problem der Ungemütlichkeit im Arbeitsleben nennen möchte.

Jeder weiß, daß es dort bei uns immer ungemütlicher zugeht: betriebsanalytische Messungen in allen Arbeitsbereichen, Verplanung von jedem Handgriff, von jeder einzelnen Aktivität, manuell oder geistig, „Rationalisierung", ein schrecklicher Mißbrauch des schönen Wortes „ratio": immer mehr Computer und Bildschirme, das Vordringen der Roboter, zuletzt die menschenleere Fabrik.

Darin sieht man leicht und gern die ganze Tücke des Kapitalismus, aber weit gefehlt! Der eigentliche Antreiber ist: unser Arbeitsrecht.

Der Unternehmensertrag ist durch den Personalaufwand als die Summe aller materiellen Arbeitskonditionen bereits verplant, bevor er entstanden ist. Die Tariflohnforderungen sind am Stand der erreichbaren Arbeitsproduktivität orientiert, was die Betriebsleitungen geradezu zwingt, sich die jeweils neueste Technik ins Haus zu holen.

Die Löhne und alle Lohnnebenkosten müssen *verdient* werden, z. B. auch das Urlaubsgeld der regelmäßig über 10 % Abwesenden, die Lohnfortzahlung für die Kranken, der ganze Mutterschutz, das Gehalt der freigestellten Betriebsräte, neuerdings der Weiterbeschäftigungsanspruch der gekündigten Arbeitnehmer. Alle Arbeitnehmer müssen in jeder Stunde gegen das Arbeitsrecht anverdienen, die genossenen Vergünstigungen des Arbeitsrechts abarbeiten, für die zu genießenden Vergünstigungen auf Vorrat arbeiten.

Wenn manch ein sozial fortschrittlich eingesteller Richter sein gutes Gewissen nährt an der Vorstellung: „Unsere Sprüche mögen zwar Kosten verursachen, aber nur zu Lasten der Arbeitgeber, und die haben keine schutzwürdigen Interessen!" – dann muß man das nicht erst von außen her kritisieren, es stimmt schon in sich nicht. Jeder Richterspruch in diesem sozial fortschrittlichen Sinne erhöht die Kosten der Betriebe, verstärkt den Rationalsierungsdruck, macht Arbeitnehmer überflüssig. Wenn man mit etwas Distanz danach fragt, was der Erfolg unseres Arbeitsrechts ist, dann lautet die Antwort: Perfektion einer mit möglichst wenig Arbeitnehmern auskommenden Betriebsorganisation und -technik.

Daher ist höchst beachtlich die Idee alternativer Arbeitsverhältnisse, denen *Berlin* wohl die beste Heimstatt bietet.

Alternativ ist vor allem meist auch die wiedergewonnene Gemütlichkeit: Maschinen aus dem letzten Jahrhundert, Gutenberg'sche Bleilettern statt des computergesteuerten Lichtsatzes, Bauernhof mit Pferdegespann und Misthaufen = Biodüngung, Melken per Hand, viel Zeit zu Schwatz und Jokus.

Der alternative Betrieb hat auch Platz für Zeitgenossen mit kleinen Defekten, die nicht ganz so gesund, nicht ganz so schnell, nicht mehr ganz so jung sind, die vielleicht Alkohol- oder Drogenprobleme haben, die nicht den ganzen Tag, von früh bis spät, „efficient" sein können oder sein wollen. Im normalen Arbeitsleben will man sie nicht, der Unternehmer will sie nicht, die Arbeitnehmer erst recht nicht, sie können ihre Gage schwerlich einspielen – der durchschnittliche Lohn eines Industriearbeiters liegt heute über 2800,– DM mtl. brutto[40], betriebswirtschaftlich

---

[40] Vgl. Stat. Jahrb. der Bundesrepublik Deutschland für 1984, 1985.

gesehen über 5000,– DM, weil man Weihnachtsgeld, das 13. Monatsgehalt, manchmal das 14., ein zusätzliches Urlaubsgeld, durchschnittliche Krankenzeit, Sozialabgaben, andere Lohnnebenkosten einberechnen muß, auch den Aufwand für die Lohnbuchhaltung. Es ist also leicht erklärlich, daß die Beschäftigungskurve am Boden bleibt, trotz erfreulichster Konjunktur. Wenn alternative Betriebe hier einspringen und Beschäftigung gewähren, so ist das höchst verdienstvoll, sehr zu loben.

Die gute Idee der Alternativität hat bisher nur keinen Frieden geschlossen mit dem unvermeidbaren kapitalistischen Prinzip: man braucht einen Geldgeber, und der will, weil er Geld gibt und für die Schulden geradesteht, besondere Rechte. In der alternativen Szene hält man entschlossen fest am Prinzip der *Gleichstellung* aller Mitarbeiter, auch wenn die Konditionen der Arbeit in die Nähe des Wallraff'schen „Ganz unten" kommen und die interne Kritik lapidar „Selbstausbeutung" sagt. „Staatsknete" hilft dann nur scheinbar und bestimmt nicht langfristig.[41]

Hier bräuchte man Zwischenlösungen, wenn man nicht unsere Alternativen kategorisch aus dem Arbeitsrecht heraushalten, dem Arbeitsrecht deren Hineinnahme verbieten will. Details wären zu erarbeiten, einiges ist schon geschehen in dem Seminar „Grenzfragen zwischen Arbeitsrecht und Gesellschaftsrecht", das H. P. Westermann und ich im Sommersemester des vergangenen Jahres 1985 durchgeführt haben. Dieter *Reuter* hat seinen dort gehaltenen Vortrag soeben in Heft 1/86 ZRP veröffentlicht[42] und dabei seine und meine Vorstellungen über eine mögliche Lösung voneinander abgegrenzt, jedenfalls aber anerkannt, daß das heute nicht modifizierbare Alles-oder-Nichts-Prinzip (wenn Arbeitsrecht, dann das ganze Arbeitsrecht!) sozial unbefriedigend ist.

Die uns vergleichbaren Länder offerieren viele Tätigkeiten im Dienstleistungsgewerbe, die relativ gemütlich sind, wo man zwar wenig verdient und keinerlei Absicherung hat, aber immerhin etwas *tun* kann, beschäftigt ist, durchaus mit Aufstiegschancen. In einigen Kaufhäusern der USA stehen am Eingang „May-I-help-you"-Personen, die unschlüssige Kunden beraten und zu den Ständen führen. In Tokyo offerieren manche Banken einen Boten-Service, auf tel. Anforderung wird ein Auftrag abgeholt, das Geld ins Haus gebracht. Wenn eine Gesellschaft und ihre Rechtsordnung solche Offerten möglich machen, so zeugt das von mehr Solidarität im Sinne des Sozialgedankens als manche unserer Rechtsfortbildungen. Außerdem bringt dies einen Zuwachs von Lebensqualität

---

[41] Vgl. oben Fn. 13.
[42] Dieter *Reuter*, Die Mitarbeiterbeteiligung – Modell für die zukünftige Verfassung der deutschen Unternehmen?, ZRP 86, S. 8 ff.

gerade für die Angehörigen einfacher Schichten, die ein „May-I-help-you?" mehr als andere nötig haben.

VII. Arbeitsrechtspolitik heute

Das Arbeitsrecht und das arbeitsrechtliche Denken bezieht sich auf einen explosiven, konfliktträchtigen Bereich der Lebenswelt. Man läuft Gefahr, sich über Konflikte hinwegzuschwindeln, mit falschen harmonisierenden Formeln, das dann erst recht zu Ausbrüchen führt, im Extremfall zur Revolution.

Heute scheint mir die gegensätzliche Gefahr zu bestehen: in der wirtschaftlichen Realität stimmen die Interessen schon weitgehend überein; die Arbeitsrechtler denken immer noch in Antagonismen. Die Arbeitsbeziehungen in der Bundesrepublik Deutschland sind, befragt man sie nach dem Grad ihrer Arbeitnehmer-Freundlichkeit, ziemlich in Ordnung, aus internationaler Sicht sogar üppig, sonst wäre die Nachfrage, bei uns Arbeitnehmer zu werden, nicht so groß. Was die größten Sorgen bereitet, die geringe Chance der nachwachsenden Generation, bezahlte Arbeit zu finden, sich eine Altersversorgung aufzubauen, kommt nicht aus einem Defizit an Arbeitsrecht und Sozialversicherungsrecht, sondern aus unbedachtem Zuviel, unbedacht im Hinblick auf wirtschaftliche Zusammenhänge, auf die internationale Konkurrenz und im Hinblick auf eine Erfahrungsweisheit, die mehr als 3000 Jahre alt ist, die schon Josef und seine Brüder kannten: daß nach fetten Jahren magere Jahre kommen können, und daß man besser dasteht, wenn man Vorsorge getroffen hat.

Hugo Sinzheimer, dem unser Arbeitsrecht so viel verdankt, hat in seinen „Grundzügen", 2. Aufl. 1927[43], gesagt, das Arbeitsrecht müsse vorerst noch als Konfliktordnung konzipiert werden, aber nicht für alle Zeit, sondern nur als Übergang, irgendwann müsse es möglich sein, die Arbeitsverhältnisse auf eine höhere gesellschaftliche Stufe zu heben. Dabei hat Sinzheimer wohl an eine marxistische Lösung gedacht, die nicht unsere Lösung sein kann, wir wissen mehr über den Marxismus, als Sinzheimer darüber wissen konnte.

Man kann dem Gegensatz von Privatunternehmern und Lohnarbeitern auf zwei Wegen beikommen: durch Aufhebung des Privateigentums an Produktionsmitteln, dann bleiben nur Lohnarbeiter übrig, oder, wie Mayer-Maly sagt, durch Überwindung des Lohnvertrages; auch *dann* hat man eine Gesellschaft von Gleichen oder angenähert Gleichen. Privatunternehmer ist nach dieser Vorstellung auch, wer seine Arbeitskraft, seine

---

[43] Grundzüge des Arbeitsrechts, 2. Auflage, Jena 1927, S. 7 ff.

Talente und Fertigkeiten profitbringend einsetzt, also auch der, für den unsere Sprache bisher nur die Bezeichnung „Arbeitnehmer" kennt. Es fällt auch nicht schwer, Assoziationen der Arbeitnehmer, die Gewerkschaften also, als eine Art von Unternehmerverbänden zu sehen, die wie andere Unternehmerverbände auf hohe Preise für die Leistungen ihrer Mitglieder aus sind, nur meist ziemlich roh und ungeschlacht, ohne die Sänftigung durch das Sozialprinzip, mit einer sich selbst gewissen Dynamik, die der des Frühkapitalismus vollkommen gleichartig ist, nur aber durchaus keinen Fortschritt verspricht, vielmehr als Endpunkt der Entwicklung nichts anderes als ein Sowjet-System denkbar werden läßt.

Die Antithese Unternehmer/Arbeitnehmer scheitert an manchem Typ des homo oeconomicus, z. B. am Profi-Sportler[44]. In mancher Branche besteht eine Wahlmöglichkeit: 1. Alleinunternehmer, 2. Unternehmer mit Angestellten, 3. Angestellter, z. B. im Taxigewerbe, und die Position als Arbeitnehmer wird oft ganz bewußt gewählt, weil sie vorteilhafter ist, besser gesichert, weniger abhängig. Die nouvelle cuisine ist laut Paul Bocuse dadurch entstanden, daß einige Köche das Risiko auf sich nahmen, selbst Restaurants zu eröffnen. Es ist also nicht richtig, daß, so Wiedemann[45], ein Arbeitnehmer dadurch gekennzeichnet sei, daß er sich aller Möglichkeit der wirtschaftlichen Disposition begeben habe. Sein Arbeitsverhältnis ist vielmehr Ausdruck einer frei getroffenen Disposition, unter Verzicht auf die von manchen vorgezogene Stellung als Sozialhilfempfänger ohne jede Arbeit. Dem Arbeitnehmer verbleiben Möglichkeiten nutzbringender Tätigkeit, z. B. gegenseitige Nachbarschaftshilfe, die vor allem in ländlichen Verhältnissen neben der Berufsarbeit weithin üblich ist und zu echten Vermögenswerten führt.

Der Arbeitnehmer hat seine Freiheit zur ordentlichen Kündigung, die an keinerlei Gründe gebunden und nur von kurzen Fristen behindert ist. Und sein Entschluß, sich zu verändern, indem er auf die *andere* Seite des Arbeitsverhältnisses wechselt, was im Handwerk eine lange Tradition hat, der normale Entwicklungsgang ist, der Geselle wird Meister, sollte gerade vom Arbeitsrecht nicht in die Anomalität gedrängt werden. Dem Arbeitsrecht ist der Gedanke des Bestandsschutzes für Arbeitsverhältnisse wichtig, und dieser Gedanke ist in die Zukunft zu verlängern, denn auch *dann* werden Arbeitsverhältnisse nur Bestand erlangen und behalten können,

---

[44] Vgl. *Harm Peter Westermann*, Der Sportler als „Arbeitnehmer besonderer Art" – Zur Durchdringung von arbeitsrechtlichen Regelungen durch vereins- und verbandsautonome Bestimmungen, in: Sport als Arbeit, Zur rechtlichen Stellung von Amateuren und Profis, hrsg. v. Reschke, 1985, S. 35, 38.

[45] *Wiedemann*, wie Fn. 7, S. 14 ff.

wenn Mitbürger sich zum Arbeitgeberdasein entschließen können. Solche Entschlüsse zu erleichtern gehört zur *Schutzaufgabe* des Arbeitsrechts, und sie ist langfristig wichtiger als der Schutz der zufällig hier und heute Werktätigen. Insofern berührt sich der arbeitsrechtstypische Sozialgedanke mit dem Sinzheimerschen Postulat, um nicht gleich dessen Erfüllung zu versprechen. Die Arbeitsverhältnisse in diesem Sinne auf eine *höhere gesellschaftliche Stufe* zu erheben, das scheint mir jedenfalls ein gutes Ziel zu sein, und ich bitte Sie, sich mit mir dafür zu engagieren.